Quelle auto, ROMÉO !

Texte et illustrations :
Isabelle Langevin

*À Daniel,
mon chocolatier adoré !*

Le raton laveur

Catalogage avant publication de Bibliothèque et Archives nationales du Québec et Bibliothèque et Archives Canada

Langevin, Isabelle

Quelle auto, Roméo!

(Le raton laveur)
(Roméo)
Pour enfants de 3 à 6 ans.

ISBN 978-2-89579-239-0

I. Titre. II. Collection: Raton laveur (Bayard (Firme)).

PS8623.A54Q45 2009 jC843'.6 C2008-942572-3
PS9623.A54Q45 2009

Nous reconnaissons l'aide financière du gouvernement du Canada par l'entremise du Programme d'aide au développement de l'industrie de l'édition (PADIÉ) pour nos activités d'édition

Conseil des Arts du Canada
Canada Council for the Arts

Bayard Canada Livres Inc. remercie le Conseil des Arts du Canada du soutien accordé à son programme d'édition dans le cadre du Programme des subventions globales aux éditeurs.
Cet ouvrage a été publié avec le soutien de la SODEC.
Gouvernement du Québec – Programme de crédit d'impôt pour l'édition de livres – Gestion SODEC.

Dépôt légal – 1e trimestre 2009
Bibliothèque nationale du Québec
Bibliothèque nationale du Canada

Direction : Paule Brière
Graphisme : Mathilde Hébert
Révision : Sophie Sainte-Marie

4475, rue Frontenac, Montréal (Québec), Canada H2H 2S2
Téléphone : (514) 844-2111 ou 1 866 844-2111
Télécopieur : (514) 278-3030
Courriel : edition@bayard-inc.com

Imprimé au Canada

Fiches d'activités disponibles sur **www.bayardlivres.ca**

C'est la belle saison.
Roméo tond son gazon autour de la maison.

Odette, la jolie brunette, empile ses courgettes
dans sa brouette. Soudain, une épaisse fumée
envahit le potager. Dans un vacarme assourdissant,
Roméo passe la tondeuse
en souriant.

— Roméooo ! J'ai ta fumée dans le nez !

— Ho ! Pardon, je vais faire plus attention.

Roméo est désolé. « Odette est si jolie.
J'aimerais bien
qu'elle soit mon amie. »

Odette se promène dans les bois.
« Comme c'est joli ici ! Le clapotis du ruisseau, le gazouillis des oiseaux... »

Mais tout à coup, vroooum !
Voilà Roméo qui passe tout de go.

— Allô ! As-tu vu la moto de mon ami Marco ?

— Elle est jolie, mais elle fait trop de bruit !

Roméo est penaud.
« La moto, c'est zéro. »

Odette va à la plage ramasser des coquillages.
Roméo s'élance à toute vitesse sur sa moto marine express.
Oups ! Roméo, en passant,
éclabousse Odette et ses
coquillages blancs.

— Odette ! Viens avec nous ! C'est fou !

— Non merci, je n'aime pas ces folies !

Roméo se chagrine.
« Ma voisine n'apprécie pas les motos marines. »

Roméo loue une chic limousine,
comme dans les magazines.

— Hé, copine, viens-tu faire du lèche-vitrine ?

— Pffft ! Pas dans ce véhicule ridicule !

Roméo s'obstine. « La limousine, on élimine.
Il me faut quelque chose
de plus gros. »

Roméo va remplir d'essence
un camion immense.

— Salut, les copains ! Vous avez vu
mon nouveau camion tout-terrain ?

— Ce camion est si glouton
que tu n'auras bientôt plus un rond,
espèce de fanfaron !

Roméo est grognon.
« Le camion, ce n'est pas bon. »

Roméo a maintenant une auto sport.
« Quelle mécanique fantastique ! Odette sera conquise
et me fera la bise ! »

— Hé, camarade, viens-tu faire une balade ?

— Ton bolide est bien trop rapide,
c'est stupide !

Roméo fait la moue.
La voisine n'aime rien du tout.
« Il me faudrait un avion pour attirer
son attention ! »

Sous un ciel bleu azur, Roméo file à toute allure
dans sa superbe voiture.
Soudain, sur la chaussée, Odette vient à passer.
Pas le temps de freiner !

Vite, un coup de volant...
BANG !

Roméo frappe le camion d'Albert.
Lui, si vert d'ordinaire, devient rouge de colère.

— Gare à mon camion, espèce de cornichon !

La belle Odette pose sa bicyclette.

— Tu as bien failli me tuer,
espèce d'écervelé !

Roméo, tout triste, appelle le garagiste.

— Monsieur Albert, je peux réparer votre camion,
mais ça va coûter cher ! Monsieur Roméo,
votre voiture est bonne
pour les ordures !

Pauvre Roméo !

Une larme coule sur son museau.

« Mon auto au dépotoir ? Moi qui voulais emmener
Odette à la foire... »

Ce soir, Roméo broie du noir.
Soudain, Odette passe à bicyclette.

— Hé, Odette, tu veux un chocolat ? J'en ai fait pour toi.

— Mes chocolats préférés ! Tu y as pensé !

Odette goûte un chocolat aux noisettes.
Roméo croque un chocolat aux ananas.

— Tu sais, Roméo, tu n'as pas besoin
d'un véhicule extraordinaire
pour être un chat super !

— C'est vrai ? Alors tu viendrais
pique-niquer en forêt ?

— Prépare tes bagages,
on part en voyage !

Quelle journée magnifique
pour un pique-nique à Pointe-au-Pic !

Odette et Roméo partent
à vélo en duo.

— C'est si chouette, la bicyclette !

— Avec toi, Odette, je ferais le tour
de la terre entière.

— Et sans polluer l’atmosphère !

En faisant les yeux doux, Roméo roule
dans une flaque de boue.   PLOUF !
Il arrose Albert, si vert d'ordinaire,
qui devient rouge de colère.

— Roméooo ! Tu m'éclabousses,
nom d'un pamplemousse !

— Ho ! Pardon, je vais faire
plus attention.